Kraft durch Lockdown
Mit 30 Tipps gestärkt durch die Isolation

Mutter Hautberg

Kraft durch Lockdown

Mit 30 Tipps gestärkt durch die Isolation

Bibliografische Information der Deutschen
Nationalbibliothek
Die Deutsche Nationalbibliothek verzeichnet
diese Publikation in der Deutschen
Nationalbibliografie; detaillierte bibliografische
Daten sind im Internet über http://dnb.d-nb.de
abrufbar.

ISBN 9783755779414

Wieder einmal Lockdown? Mehr Zeit daheim verbringen als in Freiheit? Dir ist langweilig, Dir fehlt der Antrieb und alles ist fad? Meine Aufgabenbuch wird Dich in der LockdownZeit verbessern, Deinen Horizont erweitern und Dich fordern und fördern.
Die Wochen werden schnell verfliegen. Jede einzelne Aufgabe hat einen tieferen Sinn. Manchmal verstehst Du sie erst im Tun. Begrübele also nichts, sondern handele.

Viel Spaß
                Mutter Hautberg

1. Nutze Wikipedia. Links an der Seite gibt es den Menüpunkt „Zufälliger Artikel". Nutze dies 10 mal am Tag und lies Dir wirklich die Artikel durch. Auch wenn Du denkst, dass es Dich nicht interessiert.

2. Lass den Fernseher aus und gebe Dich nicht der Angstmacherei hin.

3. Fang mit einer Liegestützübung an. Jeden Tag versuchst Du einen mehr zu machen. Bleib dabei und es werden bald viele, viele mehr.

4. Welches Hobby hast du schweifen lassen? Kannst Du es erneut beginnen oder gibt es eines, dass Du immer schon einmal anfangen wolltest?

5. Kauf Dir Gold und lass das Geld nicht auf der Bank. Zinsen bekommst Du ja eh nicht.

6. Führe ein Tagebuch über Deine Zeit. Vielleicht immer am Abend für eine halbe Stunde. Führe es in dem Sinn, dass Du es für Dich alleine schreibst.

7. Vertraue bei neuen Meldungen immer auch auf Dein Bauchgefühl. Was Dir komisch vorkommt, das gleiche mit allen übrigen Meldungen ab. Du hast genug Zeit dafür. Warum hast Du diese eigentlich und bringt es wirklich etwas? Gibt es wirklich die Gefahr, die so dargestellt wird?

8. Hast Du Vorräte zuhause? Also für den Ernstfall, der immer kommen kann?

9. Wann hast Du das letzte Buch
gelesen?

10. Befreie Dich vom Ballast. Was ist in Deiner Wohnung? Was brauchst Du davon? Was lässt sich verkaufen und was kann in den Müll?

11. Kümmere Dich um Deine Lieben. Egal, ob sie mit Dir in Quarantäne sind oder fern wohnen. Halte Kontakt, bringe Licht und sei verständnisvoll.

12. Wenn Du erwachst, bleib noch eine Weile in Ruhe liegen. Schließe die Augen, versuche keinen Gedanken nachzuhängen und konzentriere Dich auf Deine Atmung.

13. Hab stets genug Bier oder
    Genussmittel daheim.

14. Hol Dir ein Haustier, dass zuhause gehalten wird und erfreue Dich daran.

15. Füttere Vögel vom Fenster aus.

16. Ist Dein Körper so, wie er sein soll?
Gibt es leibliche Baustellen? Wenn ja,
gehe es an. Es gibt keine Ausreden.

17. Besorge Dir Pflanzen. Viele Pflanzen.

18. Wie lange kannst Du Luft anhalten? Probiere es im Waschbecken oder in der Badewanne.

19. Hast Du Fernweh? Verständlich. Besorg Dir einen Atlas und markiere alle Stellen, die Du jemals besucht hast. Auch in Deutschland.

20. Gönn Dir oder anderen etwas Materielles. Das Geld was Du dafür ausgibst hättest Du ansonsten doch eh durch Essengehen und so weiter ausgegeben.

21. Nutze GoogleEarth und schau Dir die Böden an und entdecke mysteriöse Formen. Gerade in Wüsten, am Polarkreis und so weiter, sieht man viele ungewöhnliche Dinge.

22. Verschönere Dir Dein Heim. Was kannst Du schöner und besser machen?

23. Versuche einmal Dich vor dem Badzimmerspiegel zu stellen und Dir sehr lange in die Augen zu schauen. Dabei lass Dich nicht ablenken, schaue Dir direkt in die Augen und verharre. Nach einiger Zeit wird alles andere verschwimmen und Du wirst Dich in einem anderen „Licht" ersehen.

24. Erinnere Dich. Du kannst zwar nicht hinaus, aber Du kannst in Deinem Kopf die Städte besuchen, die Du lange belebst hast. Schließe die Augen und gehe einmal eine Straße entlang, die Du kennst. An was kannst Du Dich wirklich erinnern?

25. Probiere auch ernährungstechnisch etwas Neues. Das was Du noch vor drei Jahren angeekelt fortgetan hast, könnte Dich nun erfreuen. Alle drei Jahre wechselt sich das Geschmackssystem eines Menschen.

26. Finde neue Freunde. Nutze Foren, Datingseiten, Swingerportale oder einfach die sozialen Netzwerke. Negative Dinge und Menschen, blende einfach aus und blockiere sie.

27. Schreib auf, was Du in den nächsten
    Jahren erreichen und erleben willst.
    Mach Dir Deine eigene Bucketlist.

28. Such Dir eine Stelle in der Wohnung, in der Du Wut oder Frust ablassen kannst. Hol die Matratze aus dem Bettgestell und verprügele diese.

29. Lass Dich mal gehen. Wasche die Haare nicht und stell Deinen natürlichen Hautschutz wieder her.

30. Höre laut und viel Musik. Höre auch in Sparten hinein, die Du sonst nie in Deine Ohren gelassen hast.

Und den Rest des Buches nutze gerne für
die Aufgabe 6